羊毛フェルトのちびねこ軍団

MTK SHEEP（篠原素子）

産業編集センター

はじめに

作品集みたいな手芸本を作りたい！
そんな私の夢が叶った本になりました。
登場する107体の猫ちゃん達を眺めたり、物語を想像したり、
実際に作ったりして楽しんでいただければと思っています。

この本では猫のブローチを作ります。作り方を詳しく説明していますので
参考にして大好きな猫ちゃんを生み出して下さい。

私は、猫世界の子達が、
デートしたり、オシャレして友達と買い物に行ったり、仮装したりと
いろいろな空想をしながら制作しています。
この子にはどんな色の毛糸や生地が似合うかな？　何を持たせたら喜ぶかな？
など考えている時間が好きでワクワクします。

最後の工程で作る猫の表情ですが、
何か企んでいそうな目……その顔を表現したくて思いついたのが刺しゅう糸で作る目でした。
目の長さ、位置、黒目の位置などで表情は変わります。
いろいろな子達を作って、どんな会話をしているのかな？　と想像するのも楽しいですよ。

皆さんも、ぜひ新しい物語を作ってみてください。
きっと楽しい時間を過ごせると思います。

MTK SHEEP　（篠原素子）

Contents

Colorful

háj, husičky, háj,
přes zelený háj!

Pláče kočka celý den,
kde se její kocour děl.

Pláču s ňú aj koťata,
kde se poděl náš táta!

On tam leží za ploty,
ocásek má uťatý.

Vítr fouká z prázdných polí,
na lukách se pasou stáda.
Za Strakou se pasák choulí,
čte a nahřívá si záda.

Dressing

Pattern

MYSKA K TÁBORU

a myska k Tábooo,
a pysol obooooo,
ssolo, sooooo ooooo,
oooooo, bolo
ooooo oooo

Event

Cirkus přijel, začal shon.
— Dneska večer cvičí slon
s opičákem na chobotu!
— Začněte už, děti jsou tu!

NEMOTORA

A já brouček sekal souček,
usek jsem si paleček,
šel jsem k panu doktorovi,
aby mi dal flastříček.
A pan doktor se mě ptal:
„Co to, broučku, udělal?"
A já brouček sekal souček,

Veverka to byla!
S námi rošťačila.

Zasmála se sestřičk.
políbila bratříčka.

Domů vykročila.

Event

How to make

材料と道具
ちびねこ 基本の作り方
ちびねこ バッグの作り方

この子が作れます！

材料

1 刺しゅう糸（OLYMPUS25番）
　［茶色#739（鼻・裏用）、ピンク#111（鼻・耳用）、黒#900（目用）、水色#354（目用）］
2 白色の麻糸（ヒゲ用）　3 リネン布（インナー風裾用）　4 茶色フェルト（ズボン用）
5 茶色フェルト（当て布用）　6 ブローチピン（20mm）　7 毛糸（青色）
8 白羊毛（ロムニースライバー）　9 ニードルわたわた

9

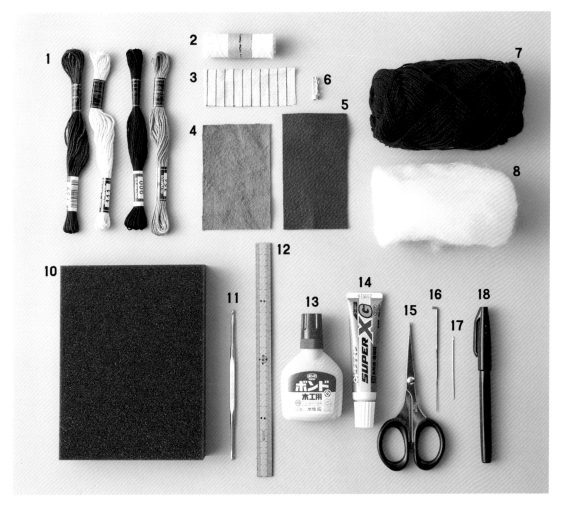

道具　10 フェルトマット　11 かぎ針（3号）　12 ものさし　13 木工ボンド（ヒゲ用）　14 セメダイン（ブローチピン用）
15 はさみ　16 フェルティング用ニードル　17 縫い針　18 細字用マジック

57

ちびねこ基本の作り方（身長約9cm）

芯となる頭を作る

1 ニードルわたわたを適量とります。

2 縦長に持ち、手前から2cm折り、それを芯として折り上げていきます。

3 折り終わったら両端を内側に折り正方形のような形にします。

4 頭の形を意識しながらニードルで刺し固めていきます。

5 顔の部分がこんもりとなるように横からもニードルで刺していきます。

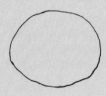

実物大イメージ①

6 実物大①より少し小さめの状態が完成しました。

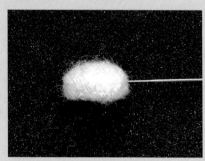

7 横から見たところです。顔部分がこんもりと膨らんでいます。

芯となる体を作る

1 ニードルわたわたを適量とります（頭より多め）。

2 縦長に持ち、手前から2cm折り、それを芯としてくるくる折り上げていきます。

3 上下横から形を整えながらニードルで刺し固めます。片側（頭側）はふわふわのまま残します。

4 底部分（足側）もニードルで刺し固めます。

5 実物大②より少し小さめの状態が完成しました。

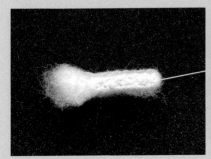

6 横から見たところです。

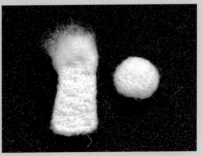

7 芯となるニードルわたわたの頭と体が完成しました。

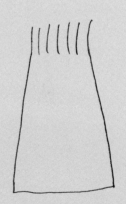

実物大イメージ②

頭を作る

1 羊毛を適量取ります。

2 羊毛を縦長に持ち、ニードルわたわた頭をのせます。

3 ニードルわたわた頭を芯にして羊毛を巻いていきます。

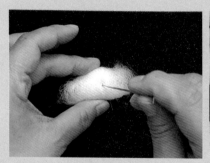

4 ニードルで全体を大まかに刺し羊毛をなじませます。

5 頭の形をイメージしながら実物①になるようにニードルで刺し固めていきます。

6 実物大①が完成しました。

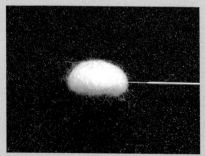

7 横から見たところです。

体を作る

1 羊毛を適量とります。

2 羊毛を縦長に持ち、頭と同様ニードルわたわた体を芯にして羊毛を巻いていきます。

3 体の形をイメージしながら実物大②になるようにニードルで刺し固めていきます。

4 実物大②が完成しました。

5 ふわふわ部分が長い時は手でちぎります。

頭と体をつなげる

1 体の上に頭をのせます（体の部分を3cm位残す）。

2 頭の下部分と体をしっかりニードルで刺しつなぎ合わせます。

3 裏からも頭の部分に体のふわふわしたところをニードルで刺し固めます（顔面に貫通しないように気をつける）。

4 頭と体がつながりました（裏から見たところ）。

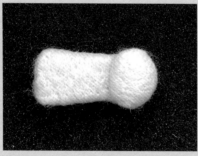

5 表から見たところです。

手を作る

1 羊毛を適量とります（同量2つ）。

2 羊毛をきれいに広げ、縦長に持ちます。

3 二つ折りにします。

4 横半分に折ります。

5 下から回しながら巻きます（体に付ける側はふわふわのまま残す）。

6 しっかり最後まで丸めます（固く丸めていくと良い）。

7 先1.5cmぐらいまでを回しながらニードルで刺し固めます。

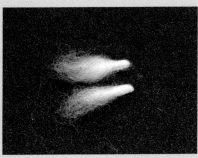

8 同じものを二つ作ります。

実物大イメージ

耳を作る

実物大イメージ

1 羊毛を適量とります（同量2つ）。

2 羊毛を縦長に持ち、1.5cmぐらいの幅で3回折ります。

3 折った部分の真ん中が三角の先端になるように片側を斜め内側に折ります。

4 反対の片側も斜め内側に折り三角形にします。

5 三角形の頂点から1.2cmぐらいまでを表・裏側ともニードルで刺し固めます（下の部分はふわふわのまま残す）。

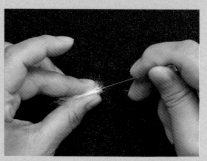

6 横からもしっかりとニードルで刺し固めます。

7 耳が完成しました。

8 横から見たところです。

9 同じものを二つ作ります。

足を作る

1 羊毛を適量とります（同量2つ、手より少し多め）。

2 羊毛を広げ、縦長に持ち、二つ折りにします。

3 手と同じ工程で巻き、1.5㎝ぐらいまでをニードルで刺し固めます。

実物大イメージ

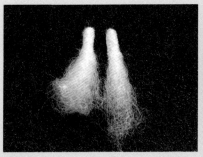

4 手より少し太い足が完成しました。

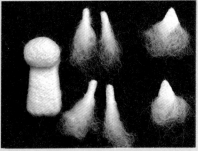

5 すべてのパーツが揃いました。

パーツをつける

1 耳のふわふわ部分を広げます。

2 頭に耳をつけます。先に顔側の付け根部分をニードルで刺し固め、ふわふわ部分は顔になじませながらニードルで刺し固めます。

3 裏部分も取れないようにしっかりニードルで刺します（顔面に貫通しないように気をつける）。

4 片耳がつきました。

5 同じようにして両耳をつけます。

6 後ろ側から見たところです。

7 横から見たところです。

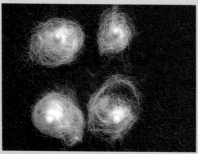

8 手足のふわふわ部分を広げます。

9 足の付け根をしっかりニードルで刺し固めます。

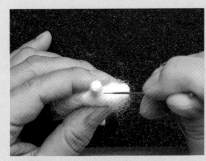

10 ふわふわ部分は体になじませ、しっかりとニードルで刺し固めます。

11 片足がつきました。

12 同じように両足をつけます。

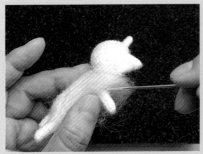

13 手も足と同じようにしてつけます。

14 両手がつきました。

15 裏から見たところです。

服を着せる

1 型紙Aのサイズに布を切り裾に折り目が
くるように二つ折りにします。

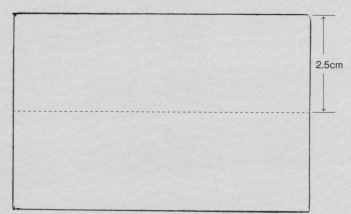

型紙A

2.5cm

2 腰のところで巻いて後で重ねます。

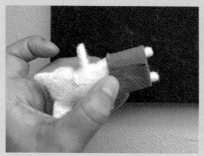

3 糸を通した針をお腹部分の裏側から刺し（①）、表を通り裏側に戻します（②）。ズボン
股下部分は裏側から股部分（③）に刺し、④〜⑥の順に刺していきます。⑥で裏に出
た糸は、足の間を通って表から裏側に戻し（⑦）玉結びをして固定します。

②入　　①出

④入

⑤出　　③出

⑥入　　⑦入

4 型紙Bのサイズに布を切り下側に折り目
がくるように腰部分に巻きます。

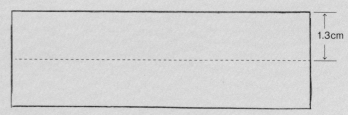

型紙B

1.3cm

5 腰部分はズボンと同様にしっかりと止めます。

6 毛糸はほどけないように体部分にニードルで刺し毛糸を固定します。

7 右手の付け根から袖口、袖口から付け根部分へと毛糸を巻き付けていきます。

8 首に二周ぐらい巻き、左手に移り右手と同様に毛糸を巻き付けていきます。

9 次に体に移り、裾布が少し出るくらいまで大まかに毛糸を巻き付けていきます。

10 裾の脇からニードルで毛糸を刺し固めていきます。

11 体（表部分）をニードルで毛糸を刺し固めていきます。

12 脇より少し後ろまで刺し固めます（後ろから見たところ）。

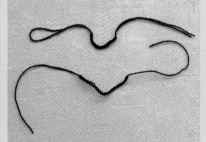

13 首と裾用に毛糸をくさり編みします。首（2本取り12目）裾（1本取り20目）完成した物を首、裾に巻き付け後ろで結びます。表部分はニードルでしっかりと体部分に刺します。

顔を作る

1 ピンクの刺しゅう糸（2本取り）で耳部分を刺しゅうします。

2 両耳が完成しました。

3 裏から見たところです。

4 黒の刺しゅう糸（1本取り）で裏から鼻下部分に針を刺し鼻口のラインを作っていきます。

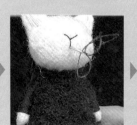

5 鼻口ラインが完成しました。

6 ピンクの刺しゅう糸（1本取り）で鼻部分を刺しゅうします。

7 鼻が完成しました。

8 水色の刺しゅう糸（6本取り）を目頭から目尻に針を刺します。

9 黒色の刺しゅう糸（4本取り）で目を針で刺します。

10 顔が完成しました。

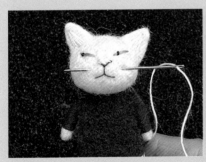

11 針に白の麻糸を通しヒゲを作ります。

12 麻糸を適当な長さに切ります。

13 麻糸のよりをほどきます。

ちびねこ基本の作り方

当て布をする

1 茶色のフェルトを作品がすっぽり入るくらいの大きさに切ります。

2 マジックで作品の輪郭を書きます。

3 輪郭に沿ってフェルトを切ります（手の部分は袖口、足はズボンの裾で切ります）。

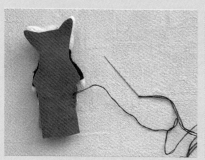

4 茶色の刺しゅう糸（2本取り）でフェルトを縫いつけます。

5 縫い終わりは玉結びをして体の中に糸を通して始末します。

6 当て布が縫い終わりました。

7 表から見たところです。

ヒゲの仕上げ

1 ヒゲをピンとしっかりさせるために水で薄めたボンドをヒゲにつけます。

2 ボンドをつけ終わったら直ぐにティッシュで拭き取ります（ヒゲが引っ付くので針を使ってばらします）。

ブローチピンの取り付け

1 後頭部にセメダインをつけブローチピンを取り付けます。

2 ブローチピンが付きました。

3 完成しました（毛糸でマフラーを巻いても可愛いです）。

お家のバッグ （37P）

〈材料〉
フェルト　茶色、白
毛糸　青（中細）
刺しゅう糸　OLYMPUS25番
　ドアノブ：青＃318（2本取り）
　草：緑＃277（2本取り）
　壁：白＃801（2本取り）
　屋根、窓枠、ドア：茶色＃739（1本取り）
縫い針

1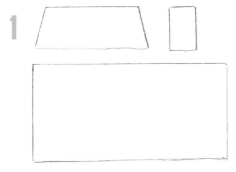

フェルトをカットする。

〈型紙（すべて原寸）各1枚〉

2

ドアはたてまつり縫い（茶色）する。

ドアノブはフレンチノットSt（3回巻）。
草と窓枠を刺しゅうする。
　草：緑　ストレートSt
　窓枠：茶色　ストレートSt

3

壁の両サイドを白の刺しゅう糸でかが
り縫いする。

4

白のフェルトを屋根（上側）より少
し下げ、屋根の上下部分を茶色の刺
しゅう糸で白フェルトにたてまつり
縫いする。

5

青の毛糸で8目くさり編みする（両
端は長めにして切る）。
裏側で玉結びをして固定する。

テントウムシのバッグ（31P）

〈材料〉
フェルト　赤、黒
毛糸　赤（中細）
刺しゅう糸　OLYMPUS25番
　　黒#900（2本取り）
　　赤#190（2本取り）
麻糸　黒　※丈夫な糸
かぎ針　3号
縫い針

〈型紙原寸〉

黒のフェルトを型紙の大きさにカットする（2枚）。

〈型紙原寸〉

赤のフェルトで羽を1枚作る。切り込み線を切る。

黒いフェルト（1枚）に赤の羽（上部分）を赤い刺しゅう糸で縫いつける。黒い刺しゅう糸で模様を入れる（フレンチノットSt、5回巻）。

麻糸で触角をつける。表から刺して裏を通して表に出す。表で玉結びをしてとめ、適当な長さで切る。

（裏面）

黒いフェルト2枚を黒の刺しゅう糸で縫いつける。

毛糸で20目くさり編みする（両端は長くして切る）。裏側で玉結びをして固定する。

 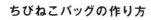

イチゴのバッグ（34P）

〈材料〉
フェルト　赤、緑
毛糸　赤（中細）、白（中細）
刺しゅう糸　OLYMPUS25番　緑＃277（1本取り）
かぎ針　3号
縫い針